勇気と気づきをくれる言葉たち

凛々《りんりん》と生きる

人材教育研究家
林　薫

知道出版

はじめに

私は講演のお招きを頂くと、必ずと言っていいほど「あなたの営業のテクニックを聞かせていただきたい」と依頼を受けます。

確かに私は、書籍販売でプロの熾烈《しれつ》な闘いを勝ち抜き、全国三〇〇〇人のトップに登りつめました。しかし、私はテクニックで営業をしたことはありません。そのようなご依頼をいただくと「営業の極意は、テクニックではありません」と、はっきり申し上げています。

お客様は十人十色、百人百色、千人いたら千の色を持っています。そうした一人ひとりが違う色を持つ方々に、こうだという決まり一手で通用するはずがありません。テクニックはいりませんが、代わりにすべてのお客様に通じる大切な心配りがあります。それは「目の前のこの方に、いかに幸せになってもらえるか」という思いです。

私が三十数年の営業人生で頑固に守り続けてきた信条は、「幸せを運ぶ配達人」という言葉でした。

今回、私の生き様《いきさま》を明確にし、体験から掴んだ「私の活き方・流儀」を「ひと言集」の形で綴《つづ》らせていただきました。私が販売の道を歩む中、お会いしたお客様の数は、延べ三百万人を超えているのではないでしょうか。

「林さん、お会いしたお客様の数など自慢になりませんよ」とある方から言われましたが、私はそれを誇りに思っています。いろいろなお客様にお会いする中で、感動し、褒められ、叱られ、屈辱を味わい、もがき、考え、気づき、学び、そして自分の人生そのものが深まりました。数えきれない辛《つら》い出来事が、辛さを乗り越える術を授けてくれました。

この本でお伝えするさまざまな言葉やちょっとしたコツは、すべて私の体験から絞り出されたものです。営業で苦しい日々を送っている人、また、営業とは無縁の方にも、辛い日々を明るくて楽しい、やる気に満ちた日々に変えていただきたいと思います。そしてお読みいただいた皆様が「幸せを運ぶ配達人」として、たくましく活躍されることになれば、これに勝る喜びはありません。

林　薫

凛々と生きる　◎目次

一、理想のあるべき姿を探す

人は皆、
人生という映画の主人公。
いろいろな事柄に遭遇するが
立ち上がらない主人公はいない。
自らの力で困難を乗り越えることが、
自分の人生を生きている証だ。

踏まれても、踏まれても、
伸びる雑草のような人がいい。
正々堂々と、決して逃げない人がいい。

＊四十年も音信不通になっていた友人から、突然メールが届いた。演劇一筋を貫き通している人生。決してあきらめない彼の魂の輝きに泣いた。嬉しかった。地味だけどずっしりと重みを感じるいぶし銀のような彼、彼のような友人がいることを僕は誇りに思っている。

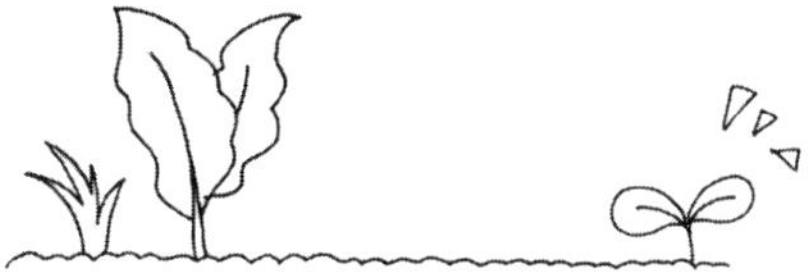

ダイアモンドは美しいけれど冷たい。
石ころでもいい
触ればあたたかい人になりたい。

＊会うと心がほっと温まる、そんな人がいる。心の美しい人は、一見弱そうに見えるが、実は心が広く大きな人だと思う。このような人が隣にいたら、人はみな幸せになれるのではないだろうか。

親を光らせ、師を光らせ、
家を光らせ、友を光らせる。
これが人としての
美しい生き方だ。

心で一番美しいのは「愛」です。
言葉で一番美しいのは「ありがとう」です。
行いで一番美しいのは「孝養」です。

＊愛があれば誰でも幸せになれる。あたたかい言葉、優しい振る舞い、思いやり。愛には心を包むぬくもりがある。人は愛を感じると優しくなれる。愛は人間に授かった、天からの最高の贈り物ではないだろうか。「ありがとう」は感謝と相手を敬う謙虚な言葉で、人を幸せにする魔法の言葉だ。親の恩、師の恩、お客様の恩、自然の恵みなど、人は恩に包まれて生きている。恩知らず、聞くのも辛い言葉だ。「恩に報いる」この言葉を忘れないで人間らしく生きたい。

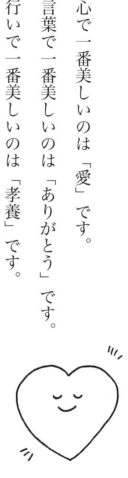

美しい花に香りがあるように
人にも味があり香りがある。

＊かって少年時代、父から「器の大きな人間になれ」とよく言われた、本当のところよく意味が分からなかった。「器とは何か」今やっと自分の中に「空っぽ」を持つことではないかと思えるようになった。器が大きいとは、その空っぽが大きいことである。言葉を変えていえば、私利私欲を離れ、無欲で、人の心を包む、人間味豊かな人になることと理解している。

雨の日に傘を貸すことができるか。
人が苦しんでいるとき、
親身になって手をさしのべることができるか。
それができて人間だ。

＊かつて岩手の新聞社へ講演でお邪魔した折、東日本大震災の記録写真集を頂いた。極限状態の中を生きる人々の強さと、助け合う絆に衝撃を受け号泣した。この本で人間のあるべき姿を教えていただいた。

心は見えない。
しかし心は顔であり、言葉であり、
振る舞いであり、身なりであり、行動である。

＊人は見た目や言葉、振る舞いから人を評価している。もし自分を変えたいと思えば、まず見た目から変えるといい。言葉でも、振る舞いでも、性格でさえ意識して装えば、いつの間にか身につき変わるものである。転じて自分が人を見る時は、決して見た目だけで判断してはならない。目を見て、言葉を聞いて、人の心の中を深く読み取らなければならない。

胃に激痛を覚えること、狂ったように泣き叫ぶこと、
極限状態ではある。
しかし、どんな逆境でも
乗り越えられるのが人間だ。
「ありがとう、嬉しい」という言葉を
毎日言い続ければ、
やがて嬉しいことが
いっぱい集まってくると思う。

立派な大人に見えても、
心が曲がっていたら大人とは言えない。
やがて人は去り孤独になる。
誠実で、心豊かな人のところに人は集まる。

＊年齢を重ねれば誰もが成人式を迎え大人になる。しかし年齢や体格だけで、成人と言えるだろうか。「心の成人」という言葉があるけれど、人の心の痛みがわかり、相手の気持ちにもなれる。感動があり、反省もでき、感謝もできなければ大人とは言えないと思う。誰も教えもしてくれないし、叱ってもくれない。自分自身で学ぶしかないのだ。

世の中は自分中心には動いていない。
思うようにならなくて当たり前。
だから成就の喜びも大きいのだ。
それが楽しい。

＊物事を楽天的に前向きに捉えるか、悲観的に後ろ向きに捉えるか。楽天的に捉える人の方が、明るい運命に出会えるのではないだろうか。また、自分中心に世の中は動いていないからこそ、胸が高鳴り、ワクワクもドキドキもある。

人は決して裏切らない。全力で尽くすこと。尽くしきれば、必ず幸せにたどり着く。

＊お客様の勘違いによって、信用を失う大事件に遭遇したことがある。空しさが募り、一時営業をやめようかと辞表をポケットに忍ばせていた。力なく訪問した学校で、「林君、待っていたよ」と大勢の先生方が、僕が来るのを待って沢山注文してくださった。僕は胸に熱いものがこみあげてくるのが分かりました。はたと気がついた。あの理不尽なお客様によって僕は、今まで助けてくれていた大切なお客様の存在に気がつくことができたのです。そのことから、お客様はすべていい人と受けとめ、それ以後、僕はお客様に対する思いが、より一層深まりました。

素直に見る。
素直に聞く。
素直にやる。

＊素直とは、真っすぐ、純粋、従順なこと。素直は誰からも愛される理想の姿だ。強い精神力を持ち、自分に正直に行動するという意味もあるという。自分に嘘のない素直な行動には、後悔もないし、満足が大きい。

たとえ小さくとも自分のできることを
着実に進めよ。一歩でも半歩でもいい。
休まず根気よく、やがて夢が叶う。

＊僕はどちらかというと情熱と勢いで仕事をしてきた。失敗や勇み足も多かった。しかし失敗は穴埋めすればいいし、挽回すればいいと思っていた。冷静、慎重も悪くはないが、やはり情熱と勢いで仕事をする方が、プラス思考を生むのではないだろうか。休んでいたら相手の思うつぼで、決していいことはない。

正義を貫いていれば正々堂々といられる。
正義に反すれば人も企業もやがて倒れる。
道理はいつの時代も変わりはない。

＊少しでもやましいことがあると、人は胸を張って通れない。人としての正しい道がある。正しい道とは、社会の為に役に立ちたいという考え方と思いの中にあると思う。人の役に立てば人も喜ぶが、それ以上に自分が満たされる、またいいことがしたくなる、その繰り返しが連鎖して、大きな輪となって広がっていく。この自然の法則はいつの時代も変わりはない。

ぶれないで一筋、初志貫徹型がいい。
ぶれないのは志であり、
自分との約束である。
ひとつだけ気を付けることは、
協調を忘れ頑固にだけはなるな。

＊ひとりの人間が輝くと、家も会社もみな輝いてくる。油断をするとその真逆もある。まっすぐ前を見て、正義をとことん貫け。思っていることがどんなに大きくても、行動がなければ無いと同じである。行動は心だ、心は行動だ。

転んでも、のろくても、笑われても、
正直に自分流を貫け。
尊敬されるのもいいが、可愛がられる人になれ。
自分をごまかしたり、人を欺いたりしては
決して勝者にはなれない。

＊成功してうぬぼれるより、失敗して謙虚さを思い出す方がいい。
謙虚な人ほど、成長できる。打たれ強い自分、したたかな自分を作
ることも大切ではないだろうか。

笑顔は人を元気にし、元気なところに人が集う。
笑顔には不思議な力がある。
凡人がコツコツと積み重ねる。決してあきらめない。
たどり着いたとき、その人は凡人ではない。

＊商売は「笑売」という。笑売すれば「勝売」となる。笑顔を忘れると「傷売」となり「消売」となる。笑顔の力は大きい。大きいことをしたければ、小さなことを積み重ねよ。

あたたかい人、優しい人、腰の低い人が
まぶしいほど輝いて見えるときがある。
そんな人になりたい。

＊あたたかい人とは、人を輝かせる人だ。「あなたのお陰だ、君がいればこそだ」謙虚な姿勢で相手を光らせる。いい人に出会うと、一日中心地よく、心が満たされる。人のためなど、めんどくさい、考えたくもない、という人がいる。そのような人は生活に感動がない。喜びも少なく、顔が暗い。大きく笑える人生を過ごしたい。

運命宿命など深く考えない方がいい。
未来の光を信じることだ。
今を投げ出さないで、
一日一日を丁寧に生きることだ。

＊丁寧に生きていたら、何が起こっても、動じることはない。何も起こらない人生などない。誰にでもいつかは幸運の女神が微笑む。やるべきことをやり、我慢するところは我慢しながら、的を外さないよう、丁寧に生きればいい。

たとえ自分が苦しい中にあっても、
他人の喜びを
心から喜べる人になれ。

＊マラソンランナーのTさんは、自分が負けても、優勝したライバルを心から祝福する人だと監督さんが語られた。たやすくできることではない。嫉妬もある、悔しさもある、だけど人としてこうありたいと思う。もしかしてこの人は、もっと先にある大きなものと見据えていたのかもしれない。

二、己を奮い立たせる

習慣にすればいい。
笑顔も、元気な挨拶も、即行動も、
聞き上手も、粘り強さも、
愚痴を言わないことも
習慣にすればできるようになる。
人の成長はその習慣をつくることだ。

人に優しく、
自分にも優しいでは勝てない。

＊人に優しい、是非そうありたい。しかし、自分にも優しいでは、勝てない。人はつい自分には甘くなり、許してしまうことが多い。自分には凛とした厳しさを持たなければならない。また何事にも勇敢に立ち向かう勇気と気迫を持たねばならない。

苦労は追え、逃げるものではない。
逃げようとすればどこまでも追いかけてくる。
それが苦労だ。

＊僕の経験では苦労は追う方が楽。どちらにしようか迷った時には辛そうな道を選ぶと決めていた。苦労は追っても決して逃げてはいけないと思う。逃げれば逃げるほど、追いかけてくるのが苦労だ。また苦労を避ける生き方をしていると、自分が小さく惨めになるだけ。それは何よりも悲しいことだ。

逃げるな。
工夫せよ。
突破せよ。
ふんばってなんぼの人生だ。

＊挑戦するから元気が出る。平坦もいいけど、ときには波風が立つのもいいではないか。

絶対に負けないという信念の一番強い人が
達成を得る。

＊甲子園優勝経験のある、名門の野球部担当の先生が、「どんなチームが日本一になるのか」との話の中に「絶対に優勝するんだという気持ちの一番強いチームが、優勝旗を手にする」とおっしゃった。力強いその言葉は今でも脳裏に焼きついている。思えば二〇〇四年夏の甲子園で優勝した駒大苫小牧高校は北海道へ優勝旗をと、命がけの決意で練習に励んだ。その練習に打ち込む生徒たちの姿は、涙なしでは見られなかったという。
近くの住人が語っていたことを思い出す。

人並みのことをしていて人並み以上を望むな。
人の三倍考え、人の三倍尽くせ。
必ず人並み以上の結果が出る。

＊僕は元旦に一日休んだだけで一年中働き続けた時期がある。不器用な僕はそれでやっと人並みの成績だった。僕はそれだけ非力な人間だった。営業で生きぬくためには、非力なら非力なりの頑張り方があると思っていた。今の時代、笑いを受けるかもしれないが。それが僕流だ。

見る気になって見る、
聞く気になって聞く、
やる気になってやる。
この三気に不可能なし。

背を向け目を閉じるより、
何事にも好奇心をもって挑戦せよ。
挑戦する者にのみ栄光がある。

＊僕は夢と目標を区別して考えている。目標は夢を叶える階段で「階段は少々低くてもかまわない」と思っている。たとえ低い階段でも達成を繰り返していると、遥か先の夢でもやがて辿り着く。何が起ころうとも自分を失わず挑戦し続けてほしい。

富士山を百年眺めていても頂上には立てない。
しかし一歩でも前に進めばどんなに高い山でも、
いつか頂上に立てる。その一歩が大切だ。

*じっとしていて得るものは何もない。人は多くの困難に直面するが、その現実を克服して生きるしかない。あせらず一歩一歩でいいと思う。一歩一歩を貫き通した人が、非凡な人であり、一流と言える。時には駄々をこねるもいい、我がままを言ってもいい、兎に角前を向いてひたすらに進めばいいのだ。

挑戦する勇気、とどまる勇気、
戻る勇気、譲る勇気、断る勇気、
詫びる勇気、許す勇気、耐える勇気、
引く勇気、捨てる勇気、やり直す勇気。
決断する勇気、すべて勇気だ。

とんでもない発想、奇抜な提案を笑うな。
驚きの中に宝が眠っている。

できると思う、したいと思うは思うだけ。
できる人は「やる」とはっきり言える人。
自分を信じて進めばいい。
来る時が来て、成る時に成る。

止まっていて、できるものは何もない。
行動すれば何でもできる。

＊心のこもった仕事をせよ。腕も必要だが、それより心だ。魂のこもった仕事をすれば、人は必ず振り向いてくれる。人の値打ちはどれだけ身を削って打ち込んだかで決まる。自分を信じて進めば必ず光が見えてくる。

決断は何かを捨てることでもある。
よほどの勇気と覚悟を持たなければならない。
決断にはたえず深い悲しみがつきまとう。

＊僕もかつて大きな決断をしたことがある、命がけの決断だった、恐怖、孤独感、極貧に押しつぶされそうになった。しかし、そこで弱気にならず全力で頑張り抜いた。何とか生きる道を拓くことができた。人は諦めさえしなければ何とかなることを学んだ。今では決断してよかったと心底思う。後悔はない。

もうこれで終わりと思うこともある。
しかし、いかなる場合でも次につながる
橋をかけておけ。

＊辛いけれど、「あほ」になって、その場を治めなければならないこともある、何事も切らずに橋をかけておくことが大切だ。しかし人生には最後の最後決断をしなければならない時がある。その時は覚悟を決めて勇気ある決断をすればいい。

熱心であれ。
あせるな、怠けるな、投げ出すな、
大事なのはこの三つ。

＊コツコツを時代遅れのように言う人がいるけれど、積み重ねのないのは根無し草同然だ、今は大きく伸びたように見えても風が吹けばすぐに倒れる。

過ぎた過去は、すべて自分の肥やしだと思え。
未来の自分は自分で作るもの。
今日一日を大切にせよ。

＊汗、涙、苦しみ、悩み、寂しさ、飢えを乗り越えながら、今日を生きるのが人の道である、誰も頼ることもできないし、自分で生きるしかない。一度しかない人生、後に悔いを残さない生き方をしたい。人生すべて明日への種蒔きと考えれば、しっかり生きられるのではないだろうか。

いくら頑張っても無駄、
そう思えるときがある。
しかし、無駄は絶対にない。

＊心が燃えていると、そこへ仕事が集まる、沈んでいると仕事が去っていく、何故だか分らないが必ずそうなる。「今日は無駄な一日だったなぁ」と思える日がよくあった。しかし、その後、無駄のおかげを実感することが多い。無駄は種であり、成長するための肥やしだと思う。無駄が多いほど成果が大きいと思えば、悲観することはない。

自分を叱り、
自分をほめ、
時には自分に問いかけよ。
自分は自分で育てるのだ。

＊自分の人生、誰にもどうすることもできない。自分を叱り、自分をほめ、自分で学び、自分で育てていけばいい。

歳月をかけて達成したものは、
簡単には崩れない。
ゆっくりでいい、堅実に積み重ねよう。

＊僕のあまり好きでない言葉に「損して得とれ」「出る杭は打たれる」「雉も鳴かずば撃たれまい」「頑張らなくていい」等があります。勿論、時と場合によっては僕もそのような言葉をかけるかもしれないが、世の荒波を生きる僕たちには、頑張らなくていいはふさわしくないと思う。また得とるための損は僕は嫌いだ、見返りを求めない損を大いにしてほしい。そして出る杭になればいいし、大声で鳴けばいいと思う。自分の信じる道を、ひたすらに、動じることなく進んでいけばいいと思う。

耐えがたい苦難や絶望であっても後悔はない。
それが無駄だったとは少しも思っていない。
自分が決めた道だから。

＊自分の決めた決断には、一点の曇りもない。だから後悔はない。
決断とはそういうものだ。

人はそれぞれに皆、
必ず良いところがいっぱいある。
その花を見つけて咲かそう。
遠慮はいらない、
堂々と自分の花を咲かそう。

＊自分の持つ花は、天が授けてくれた自分だけの花。命いっぱい、力いっぱい咲かそう。遠慮はいらない堂々と。

負けることが平気な人間、
負け癖人間にはなるな。
絶対にできるという信念と情熱をもって行動すれば、
誰でも勝者になれる。例外はない。

＊これだけ頑張ったのにビリになってしまった、と言う人はいない。頭からどうせ無理だからと投げているのだと思う。厳しい言い方になるが、できないのではなく、やらないのだ。気持ち次第で誰でも勝者になれる。僕も元々は無器用で怠けの好きな人間だった、そんな僕でもどうにか人並みに成果を上げられるようになった。誰でもできる、例外はないのです。

夢を持て。志を持て。
夢と志があれば勇気が生まれ、
苦労が苦労でなくなる。

＊目標に向かって突き進んでいるときは、不思議に苦労を苦労とは思わないものだ。すべてが難なくできてしまう。夢や志は私達にそれだけ大きな力をくれる。人は誰しも自分の進む方向を持たなければならない。目指すものを持たないのは、羅針盤を持たない船の航海と同じである。

人が何と言おうと、気にするな。
正しいと思う道を貫け。
人が何と言おうと、どんな見方をされようと、
最後に勝てばいい。

＊ふり向く必要はない、前だけ向いてまっすぐに進めばいい。逆境を乗り越えて成長していくのが人生だ、笑いを受けることも、どうしようと迷うことも人間だからいっぱいある、肥やしにしながら、決めた道を進めばいい。

三、どうしても立ち上がれないあなたへ

今のあなたでいい、飾らなくてもいい。
背伸びしなくていい、
そのままのあなたでいい。

＊今ある自分を貫く。天から授かった自分は地球上にひとりしかいないかけがえのない存在だ。たとえ理不尽に思えることがあっても、お構いなしでいい、自分を信じて自然体で堂々と通ればいい。すべて天がちゃんと見ていて精算してくれると思えば楽に通れる。

辛いときは無理をせず、
小さく、小さく
頑張ればいい。

＊辛いときはほんの少しだけでいい、無理をせず、できる範囲で頑張ればいい。状況を見極めながら、落ち着いて、ゆっくり柔軟にこなせばいい。飛び上がる前には、かがまないと飛び上れないし、ボールを投げる時には、反対に手を伸ばさないと投げられない。寒い冬を耐えて花は咲く。ピンチはチャンスのくる前触れだという、そう思えば人生が楽に過ごせる。

人の心は弱い、
小さなことで傷つき、悩み悲しむ。
心の痛みは誰にも見えず、
死ぬほど苦しんでいても誰にも分からない、
そのなかを生きるのが人間。
風雪に耐えながら、野に咲く花の美しさを胸に。

負けの中にこそ、
大きな意味があり、
価値がある。

＊悔しい、悲しい、情けない、二度とあんな経験はしたくない。なぜ負けたのか、どこを改めればいいのか、考えれば負けの中に答えがある。負けをばねにして奮い立つことだ。自分はダメだと決めつけてはいけない。必ず勝てると信じることだ。「負けや失敗を次に生かす」これを「負け価値」という。

歩き続けよ。
歩けば何とかなる。
不思議に何とかなる。

＊営業人生三十数年の中で、お会いした人の数は、延べ三百万人を超えていると思う。その経験から言えることは、投げ出しさえしなければ必ず何とかなるということだ。犬も歩けば棒にあたると言うけれど、まさしく言い当てた言葉だと思う。必ず何かが起こる。思いもよらない展開になる、これが不思議だ。

いいことをしても報われないことは
いっぱいある。
これは天への貯金だと思え。
いつか必ず自分に返ってくる。

世界中どこを探しても、完璧な人などいない。
どんなスーパースペシャリストでも
欠点もあり弱点もある。

＊欠点を直すことも大切だが、それより長所を見つけて伸ばす方がずっといい。欠点は自分の特性であり個性だ、長所に大化けして自分を救うこともある。生きる上で大切なことは、向かう先を持つこと、自分を信じて進むことしかない。

どうにもならないことは悩まず捨てることだ。
捨てることは失うのではない。
生み出すことだと思う。

＊時には「よく頑張った」と、自分で自分を褒めてやることも大事だ。長い過去を背負い、遠い未来に向かう中間地点の今日、かけがえのないこの時間を大切に、決しておろそかにしてはならない。

自分だけの幸せを考えていたら、
本当の幸せはやってこない。
みんなが幸せになってはじめて、
自分も幸せになれる。

傷ついたことがすべて悪いことのように思うけど、
自分の大きな財産になることもある。
すべてはその生かし方にあると思う。

人間はもうだめだというどん底からでも、
夢を失わなければ必ず這い上がることができる。
皆、生まれながらにそれだけの力を授かっている。

＊「あきらめないを習慣にする」その第一歩は愚痴をこぼさないことである。愚痴は口にすればするほど膨らんで大きくなり、前に進むことを妨げる。愚痴が出かかっても、ぐっと飲み込む。それができた人があきらめない人であり、成功を手にする人になります。

行き詰まったら、
人の為になることを考えよ。
おのずと道が開ける。

＊人のために働いているか、人の笑顔を追い求めて仕事をしているか、自分に問え。人のために尽くすことを忘れたら、生きている意味さえなくなってしまう。厳しい言い方になるが「こんなに頑張ったのに」ではなく、「頑張りが足りなかった」と考えてほしい。限界は、限界だと思うまだまだ先の先だ。

スランプは誰にでもある。
挫折感に襲われるが
諦めず乗り越えよ、必ずその穴は埋まる。

＊自分を勇気づける僕の秘策は、花園でのラグビー観戦だった。若い闘志がぶつかり合う姿に胸が打ち震え、力が湧いてきた。またエネルギーに満ち溢れたライブは心に火をつけてくれる。音楽でも、演劇でも、美術展でも、また講演会でも実際に足を運んでみることをお勧めする。

泣いても、嘆いても、叫んでもいい。
どんなに辛くてもやりとげよ。
行動しかないのだ。
劣等感がもしあったら、それは妄想でしかない。
欠点も弱点も自分の個性であり特性だと思う。
それを生かしたらいい。

誇りをもって正々堂々と立ち向かえ。
出る杭は打たれる。
雉も鳴かずば撃たれまい。
逆もまた真なり。
大いに出る杭になり、
大声で泣け。勝者は大声で泣いた人たちだ。

とことん負けたらいい。
負けて負けて、
負けるから勝ちがくる。
それを負け価値という。

＊人の進化は成功からではなく、挫折、失敗の悔しさを乗り越えて生まれるもの。負けこそ、その中に価値がある。

能力主義、成果主義を怖がるな。
頑張る人間、努力する人間にとって、
これほどありがたい時代はない。
やれば必ずやっただけ還ってくる。
ごまかし、手抜きは
しっぺ返しがくる。
世の中は公平にできている。

大自然の大きな包容の中に、
今日も生きている。 タダで。

＊警報の鳴る踏切で、線路に自転車のタイヤを挟まれた子供をギリギリのところで助けたことがある。子供は礼もなく行ってしまった。いいことをしながら釈然としない僕に、妻が「お礼を言われるためにした訳ではないのですから、それでいいではありませんか」と言う。それでも腑に落ちない僕に「礼を言われたら差し引きゼロになってしまうけれど、お礼も言われなかったら、よいことが丸々じゃないですか」と妻は言った。これには僕も一本取られた。この考え方はいいなあと素直に思い、同時に憮然としていた自分が急に恥ずかしくなった。

四、歩いてきた道のり

もう十年若かったらと言い続けて
十年が過ぎてしまった。
やっと今が一番だと気がついた。

＊人生は年齢ではない、燃えたぎる心だ。もう十年若かったらと、
そう思う今が行動するときだ。

苦も楽も考えず、
夢中になって仕事をしていた時期があった。
思えばその時期が、最高に輝き、
人生最高の勲章を得たときだった。

＊未熟な営業マンの僕は、断られた数は一〇〇万軒を超えていたと思う。その数は日本一かもしれない。自慢できることではないかもしれないが、思い起こせばその時が最高に輝いていた。

自分の思いと違った言葉や行動が出てしまい、
言い訳も、消すこともできず、荷を背負ってしまう
ことがある。二十年、三十年たった今でも
時々ひょいと脳裏をかすめ、
悲しく、苦しくなることがある。

＊すべて油断、うっかりが招くもの。注意をしていれば多くは防げるものだった。しかし起きてしまったことは引きずっていても始まらない。生涯その荷を背負って、胸を張って生きればいいと思っている。

テーブルの一匹のいわしに
涙が出るほど感動したことがある。
助け合い、譲り合い、思いやりにあふれていた。
幸せは物の豊かさではない。
幸せに気づける感性だ。

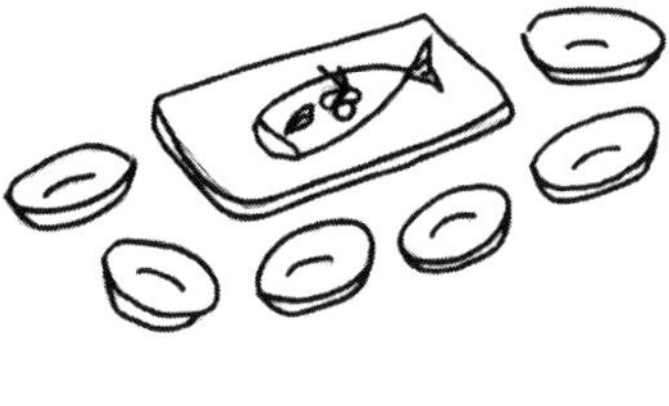

「ありがとう」「すみません」とよく言う
心の優しい女性がいた。
彼女の怒った顔も、愚痴も全く記憶にない。
人の話をよく聞く、聞き名人でもあった。
思い出せば今でも涙があふれ出る。

＊五十三才という若さでこの世を去った母のことである。優しさは強さだと思う。七年間一緒に過ごした妻は母のことを、生涯の手本であり、鑑だと言う。

心が萎え、折れそうになった時、
もう一人の自分の声が聞こえてくる。
「頑張れ、負けるな、やり遂げろ」
よく経験することでした。

＊もう一人の自分がいて、自分の後姿を眺めている。心が折れそうになった時、支えてくれる。自分の人生を、理想とするものに作り上げるためには、それなりの汗を流さなければならない。物もお金も地位も何もないけれど、正義を貫いて生きる後姿が、子に残す財産だと思っている。

仕事のおかげでここまで来られたのに
仕事に感謝したことがなかった。
それでも何も言わずに長い間、
仕事が僕を守ってくれた。

＊僕はよほどの恩知らずの罰当たりだ。今この年になって、仕事に対して感謝を忘れていたことに気づいた。「ありがとう」を毎日心で繰り返している。

長年体を張って苦労し、
経験を積み重ねた人は、
一目で先が読める。
どうしたら勝てるか。
どうしたら負けるか。

小さな親切に感動し、
あたたかい言葉に涙を流し、
ひとつのコロッケが死ぬほどおいしくて、
小さな家が御殿のように思える。
苦労は生きる上で、大きな財産になると思う。

＊妻と幼子四人を連れて京都に移り住んだ頃、会社から家族の名前の書かれた保険証を受け取った時、思わず号泣した。当たり前のことだが、一晩抱いて寝るほど嬉しかった。

どちらにしようかと迷った時
苦しい道を選ぶようにしていたが、
一度も損をしたと思ったことはない。

＊僕は元々楽な方を選ぶような人間だった。経験を重ねるうちに、開き直りから嫌な方へ飛び込んだところ、意外にスムーズに事が運んだ。それ以来どちらにしようかと迷った時は、苦しい道を選ぶようにしているが、今ではそれが実に楽しい。

老人ホームで教える妻

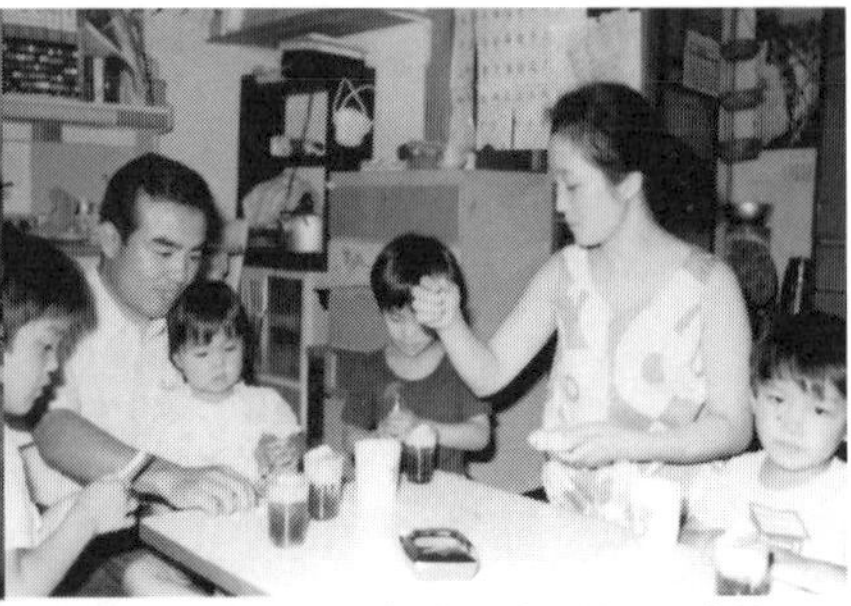

昭和48年やっと軌道に乗り始めた家族

50年頃から老人ホームで書道の奉仕
せて頂き始めた頃の妻

林薫

と妻、照子

昭和49、3000名の頂点のダイヤモンド。
会員の表彰を受けた頃

平成２８年妻と私

五、気づきをくれる言葉

夢がある、目標がある、
それだけで大きな財産だ。
運、不運なぞ考えるな。
そんなものは気にするな。
その時々に起こることが、
すべて自分にとって
最高の贈り物だと受け止めよ。

ついI目先のものにとらわれて
すべてがだめだと思ってしまうことがある。
目の前に指一本かざすだけで、
大きな富士山も見えなくなるんだよ。

＊相手の立場に立って自分を見る、また横から、縦から自分を見る。角度、立場を置き変えて自分を見ると、思わぬ気づきに出会うことがある。時にはじっくりと自分をみることも大切ではないだろうか。

引くときは潔く引け。
去る時は潔く去れ。

＊「終わりよければすべてよし」ではないけれど、僕は引き際を大事にしてきた。実に気持ちのいいものだ。引き際がその人の人生を決めると言っても過言ではないと思う。

泳げるようになってから水に入るのではなく、
水に入るから泳げるようになる。
分かってからやるのではなく、
やるから分かる。

＊物事は理屈理論ではない、行動から身に着けるものだ。体で覚えたものは忘れないし。逃げない、誰にも奪えない、その人の力量となる。これこそ自分の財産であり、宝である。

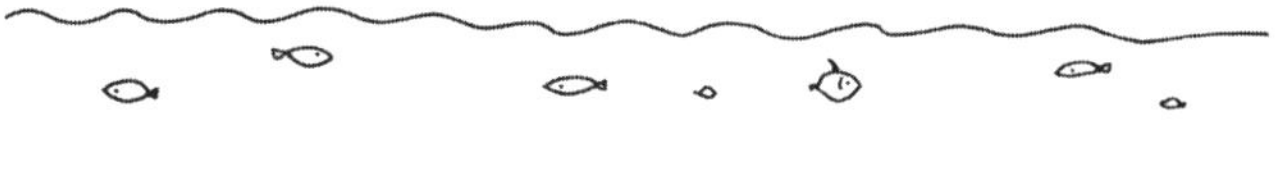

自信があるから行動するのではなく、
行動するから自信が沸くのだ。
行動が先だ。

＊人間だから、意地を張ることも、辛くて投げ出したくなることもある。しかし、それを乗り越えながら生きるのが人間だ。行動すれば物事は解決するし、達成も得る。辛いけれど、とにかく動くしかない。

色々なことがあって人間。
色々な人がいて人間。
色々な心があって人間。
楽しくもあり、面白くもあり、
苦しくもあり、悲しくもある、
それが人間。

十人いれば十人十色。
百人いれば百人百色。
千人いれば千人の色。

＊しっかり相手の話を聞けば、その人の色が見えてくる。色が分かれば、どうすればよいか、自ずと頭に浮かんでくる。とことん話を聞くことが大事だ。僕は一時間時間を頂いたら、五十九分間話を聞くようにしていた。それでも本は売れた。

叱ってくれる人、
教えてくれる人は
あなたの味方だ。

＊人間の成功は良き師、良き友、良き先輩との出会いによるものが多い。厳しく教えられることは辛いけど、親身になっているからこそ厳しく教えてくれる。他人やライバルは教えても叱ってもくれない。叱ってくれる人こそが自分の味方であり、感謝しなければならない大切な人だと思う。

サボテンが、
美しい花を咲かせている。
無骨で醜い姿をしていても、
内に輝きを秘め、
時に花開き誰かを勇気づける。

＊ホームセンターのサボテンが、笑顔いっぱいにきれいな花を咲かせていた。周りには多くの大輪の花が並んでいたけど、気にもせず小さな花を命いっぱいに咲かせていた。私達に夢と勇気を与えてくれているに違いない。

過ぎた過去を悔やみ、
まだ来ぬ未来に不安を抱いても
何の意味もない。
今ここにいる自分を大切に、
今をしっかり生きる。
満足もいいけど、不満足もいい。
不満足だから考える、飛躍もある。

どんな出会いでもおろそかにするな。
二度とない出会いかもしれない。
出会いは真剣勝負。

＊僕の生涯の友人は車中で出会った人である。また五十年という長きにわたり命がけで僕を支えてくれた妻も、一瞬の出会いから始まった。天の計らいなのか、偶然の出会いが僕の人生を導いてくれている。

限界をつくっているのは
自分自身。
心次第でいくらでも拓ける。

＊人の心とは、動いている相手の心に、響き合って動くものである。もしあなたが人の心を動かしたいと思ったら、まず、あなた自身の心が動いていることが大切だ。気持ち次第で何でもできる。

人間はつい人のせいにしたり、
物のせいにしたりしてしまう。
それでは何の進歩もない。
自分自身に反省がないと
いつまでたっても堂々巡り。

＊反省がない人は、ただ頑固なだけで、成長は望めない。成ってきたことを直視して、素直な心で、どうしたらいいいかを見極めなければならない。そうすれば新しい世界が見えてくるけど。

誇りは、
迷った時に道を教えてくれる。
苦しいときに力をくれる。

＊自分の仕事、また置かれた立場に誇りと喜びを持っている人は、目に輝きがある。そして幸運にも恵まれる。そうでない人とは大違いである。

数えきれないほど祈ってきた。
祈ることはいつでもできる。
どこでもできる、誰でもできる。
祈りは天に通じると思う。

＊僕の大切な人が難病を患い、人生のほとんどが入院生活である。何もできない僕は、手紙を書くことならできると心に定めた。月に4、5通のことだが30年の歳月が過ぎた、先日1000通をはるかに越えていることに気づいて仰天した。彼を一瞬でも1000回以上も喜ばせることができたかと思うと、嬉しく、胸に熱いものがこみ上げてきた。祈りは必ず天に通じると思っている。

元気を広めよう。
ぬくもりを広めよう。
笑顔を広めよう。
まごころは
人から人へ連鎖する。

人生には多くの節がある。
その節を生き節にするのも
死に節にするのも自分次第。

＊「節から芽が出る」という言葉がある。生きとし生きるものすべてが節を積み重ねて成長していく。歓喜に満ちた節も、悲嘆に苦しむ節もある。すべて成長するために天から与えられた試練だ。節こそ飛躍のチャンスととらえて、それを生かせばいい。

暗く過ごすより笑って過ごそう。
人は幸せだから笑うのではない。
笑うから幸せが来る。

＊極楽とんぼと言われても、笑って笑って過ごしたい。笑顔は誰からも愛されるし、周りを明るく元気にする。笑顔には不思議な力がある。もし自分は運が悪いと思っていたら、まず自分を見よう。自分が変われば、周りの景色が、変わってくる。挨拶上手、聞き上手、笑って明るく過ごしたい。

悲しみ、絶望、挫折も、
年月を積み重ねて
やがて気づきをもたらす。
時の流れは大切なことを教えてくれる。

*どん底の時代、命綱の会社が倒産。一家六人路頭に迷った。会社にいた女性に奇跡的に出会い、大手出版社に入社できた。三十年以上も過ぎた今、彼女の所在は見当たらないが、命の恩人ともいえる彼女に会いたい、そして感謝の心を伝えたい。

愛せば愛される。
親切にすれば親切にされる。
守れば守られる。
尽くせば尽くされる。
蒔いた種はその通りに芽を出す。
これが自然の法則。

志とは、
世のため人のためなら身を粉にしてでも尽くすという
信念に裏付けされているものだ。
社会貢献の理念を忘れた時、単なる野心、野望になる。

＊今の自分は私利私欲を離れ「人のために本当に行動しているか」を考えてみる必要がある。志をもってことに当たっても、年月を積み重ねると薄らぎ、つい私利私欲にはしることが多い。時には自分を振り返り、原点に戻ることが必要だ。

災いは心の隙にひょいと
顔を出すもの。
目配り、心配りを忘れるな。

＊一分の心の隙に、長年築いてきた信用も一瞬で崩れてしまうことがある。信用を取り戻すには並大抵なことではない。しかし、意識して注意していれば、災いを避けることはできる。すべて油断がもたらすものだ。僕も油断で、とんでもない失敗を犯したことがある、思い出しただけでも辛い。

チャンスもくる。
ヘコミもある。
奇跡も起きる。
挫折もある。
色々あるのが人生、あせるな。

＊耐えていれば、必ず何かが起きる。しかし待っていると起きない。
無欲で仕事に打ち込んでいればいい。あせることはない。

人は恩の中に生きている。
恩に報いることを忘れたら、
足元をすくわれる。

＊千年の都京都の老舗に入ると、時代物の屏風や掛け軸に「堪忍」と書かれているのをよく見る。お客様にとって最高のものをプロとしてお勧めします。時には希望から外れる場合もあるかもしれませんが、その時は「堪忍しておくれやす」という意味と聞く。いいものを真心こめて販売する、商人の心意気である。

「ありがとう」「すみません」の言葉ほど
謙虚で、愛に満ちた言葉があるだろうか。

＊不慣れな土地で厳しい営業をしていた時、お客様から「おおきに、ありがとうございます」のやさしい言葉をもらって泣いたことがある。その後、勇気、元気が沸いて、思いもよらない大きな成果につながった。「ありがとう」は、いろいろな表情を持つ言葉だが、人の心に灯をともす温かい言葉だと思う。

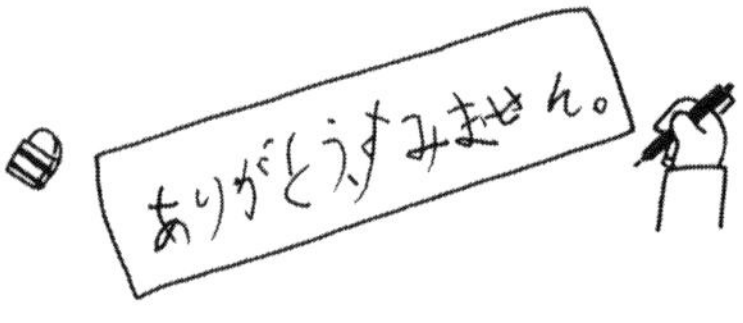

ひと言の言葉で救われることがある。
ひと言の言葉で傷つき、
立ち上がれなくなることもある。
温かいひと言、
冷たいひと言、
たったひと言だけれど。

温かい話は心が温まる。
熱い話は心が燃える。
元気な話は心が躍る。
楽しい話は心が笑う。
言葉には心を動かす力がある。

夢はいくつになっても
失うものではない。
失うのは自分が捨てたときだ。

誰も幸せを持っては来ない。
幸せは自分自身で作るものだ。

笑えないときは、心が自分中心になっている時。
人の立場、人の為になることを考えたとき、
心は自然に満たされる。

転んだら起きればいい。
失敗は決して恥ずかしいことではない。
それを恐れて何もしない方が、
もっと恥ずかしい。

人として尊いことは
誰かの支えになっていることだと思う。

出すことは失うことではない。
力を出す、知恵を出す、心を尽くす。
出すから力もつき、尊敬もされる。
人も集まる。

＊出すことを惜しむ人は多い。それは出すことが失うことだと思っているからではないだろうか。

どんなに大きな夢でも、
絶えず口にしていると
身近なものになってくるのが不思議だ。

＊大風呂敷を広げると、人はほら吹きだと笑うかもしれない、しかし僕はそれでいいと思う。遠慮して小さく言う人が、大きな人になれるだろうか。

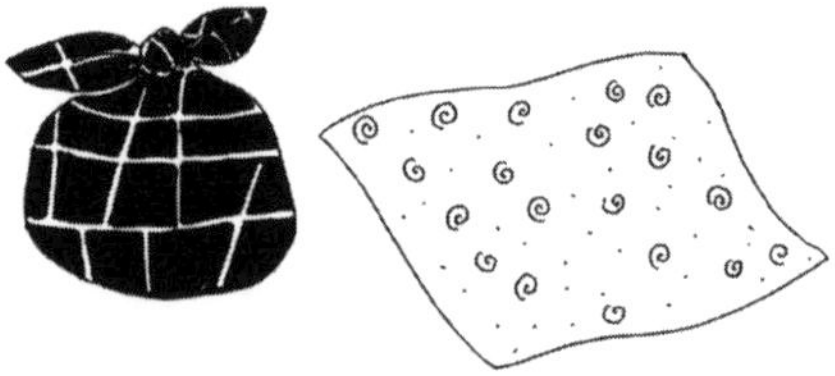

いいこと、悪いこと、どちらが多いかといえば、
はるかにいいことの方が多い。
しかし頭には悪いことだけが残り、
感謝を忘れてしまう。
仕事が人を苦しめるのではない。
苦しみは
「苦しい」と思う自分の心が生み出すもの。

この世にたった一人しかいない自分。
一度しかない人生、
命を授かった奇跡、
胸を張って生きようではないか。

六、真似る

手本になる人がいたら
近づいて、真似るといい。
ある日、気がつくと、
自分はその人のようになっている。

＊私の好きな金子みすゞの詩に「つもった雪」「大漁」がある。この詩に出会ったときエッと声を上げてしまうほどの衝撃を受けた。たとえば「つもった雪」では、「下の雪重かろうな、中の雪さみしかろうな」と下の雪、中の雪まで思いを寄せている。何度も読み返したが、体が震えるほどの感動でした。人は感動によって学び、心に灯をともすものとつくづく思う。

発展する企業を見たら、
名もなき人々のまごころを見よ。
平和な家庭を見たら、
それを支える人を見よ。

＊家にも、企業にも、見えないところでそれを支えている人がいる。
土台となっている人に目を向け、深い感謝の気持ちを贈りたい。

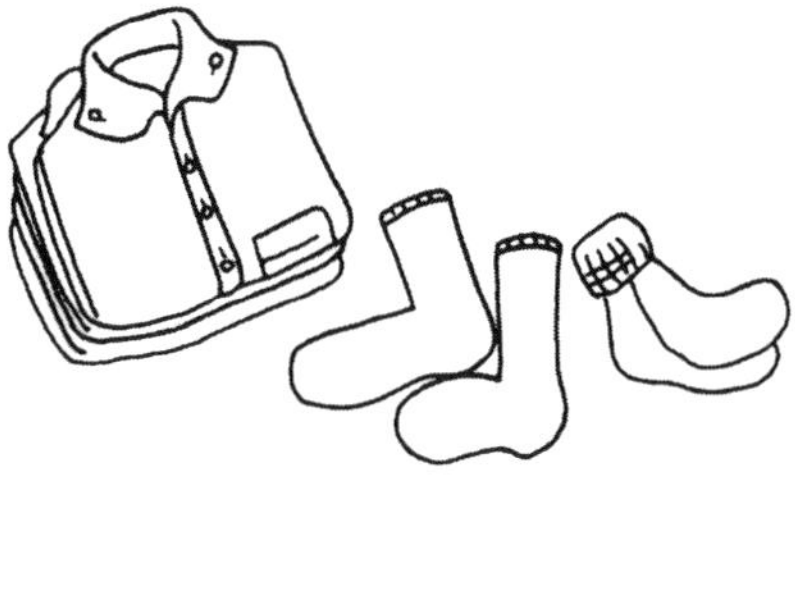

人の知恵を借りることは、恥ではない。
人の力を借りて
一流を極めている人はたくさんいる。
人から借りた力も自分の信念が加われば、
いつかそれは自分の力になる。

＊上手に人の力を借りる。これもその人の持つ力量といえるのではないだろうか。おおいに力を借りたらいいと思う。但し「ありがとう」の感謝の気持ちは当然忘れてはならない。

心から尊敬できる人がいたら
その人を、心の定規とするといい。
その定規が
生き方を大きく変えてくれる。

＊尊敬できる人に出会える人は、幸せな人だと思う。近づいて学び、大いに真似るといい。定規ができると人は成長し、変われる。

明るい人を見たら真似よ。
親切な人を見たら真似よ。
正直な人を見たら真似よ。
頑張る人を見たら真似よ。
ひながた、手本になる人は
あなたのすぐ側にいる。

七、選ぶべき道はどちらか

自分にされて嫌なことは
人にはしない。
自分にされて嬉しいことを
人にすればいい。

＊何か不都合なことが起こると、潮が引くように人は離れていく。残念だけれど人の世はそんなものかもしれない。そんな時に手を差し伸べられる人になりたい。僕は苦しい時代に受けた親切によって、ぬくもりを届けられるような人になりたいと、思うようになった。今でもその時のことが僕を支え続けている

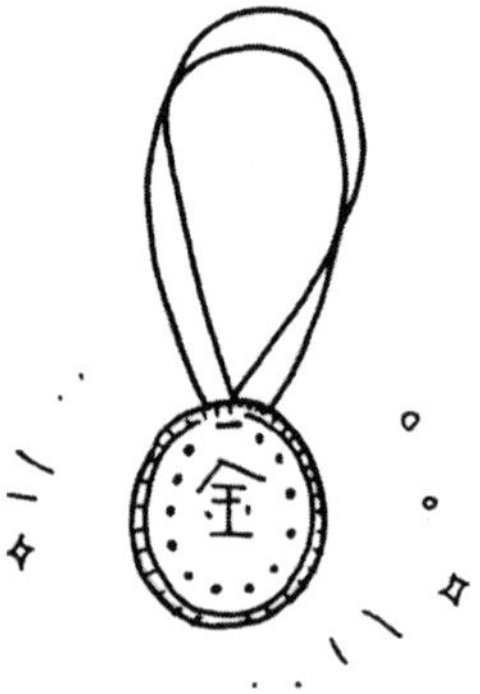

頭を下げて山を登る。
ふんぞり返って山を登る。
腰の低い方が早く
頂上に立てる。

＊・人間の習性なのか、誰もが高慢になりやすい。腰の低い人ほど大物なのに。

幸せを計る物差しはない。
自分が幸せに思うか、
不幸せに思うか。

＊辛いことが重なると、自分は運が悪いと決めつけてしまう。巡り合わせでこうなっているだけで、決して運が悪いのではない。いつか必ず幸運の女神が微笑む。それよりまず幸せに気づける自分を作ろうではないか。

やったけどできなかったと、
やらずにできなかったでは
一八〇度違う。

できる人、できない人の違いは、
人様の満足を想う心づかいの差。
力の限り、身も心もフル回転。
相手の満足に至るまで。

＊去る客に今日までのお礼を言う。小さなお客でも大切にする。キャンセルや無理難題を言うお客にも丁寧に対応し誠意を尽くす。良いお客もそうでないお客も、全部ひっくるめて大切なお客様と考える、これが仕事だ。十の約束で十やるのは当たり前。十の約束をしたら十一、十二やれ、その一、二が真心だ。お客様への感動の積み重ねが誰にも負けない信頼を生む。

どんなに辛くても、
三年は辛抱せよ。
三年たてば見えてくるものがある。
三年辛抱してから考えよ。

努力は必ず報われるが、
報われることを考えて行動する人は、
報われない。

＊無心。欲も得も無く、社会の為に尽くせたらたらどんなに幸せだろうか。その境地は人様の笑顔の中にあると思う。僕達の仲人をしてくださり、妻の母親代わりとなってくださった恩師、伊藤はな先生が、ある日僕に「陰徳を積む」という言葉を知ってるかい、見えないところで善いことをすると「自分の心に幸せの種がまかれるんだよ」と教えて下さった。僕に陰ひなたなく頑張ることを教えてくださったと思うが、その言葉を思い出すと、今でも胸が熱くなる。

有能だからできるのではない。
情熱を持って行動するからできるのだ。

＊かつて職場の社長から、販売日本一の称号を与えると、ある決め事を課せられた。僕は死んでもやってやると固い決意をしていたが、最後の最後にアクシデントに見舞われ、残るは十日しかなくなってしまった。約束の達成は絶対に無理と、悲嘆に暮れ悔し涙を流していた、その時妻が「十日もあるじゃないですか、あなたは死ぬ気になっていない」と励ましてくれた。妻も辛かったと思う。涙で目を真っ赤にしていた。「十日もある」その言葉に目が覚め、死ぬ気になって、一か月分を十日で完遂した。そして表彰された。投げだしさえしなければ何でもできることを、肝に銘じたできごとでした。

物事は損得で行動しない方がいい。
損得で行動すれば、
結局損をすることになる。

＊自己犠牲のできない人は、たとえ成功したとしても、それは長くは続かず、一時的なものに終わる。常に自己犠牲のできる人は、人から守られ、永遠に発展が継続できる。

生きる上で大事なことは
絶対に克つという強い思い。
生死ぎりぎりを生きていた頃、
自分と比較にならないほどの悲しみの中を
たくましく生きている人のいることを知った、
申し訳なく、勘違いも甚だしい自分が
恥ずかしかった。

明るく受け止めるのも自分。
暗く受け止めるのも自分。
受け止め方は自分次第。

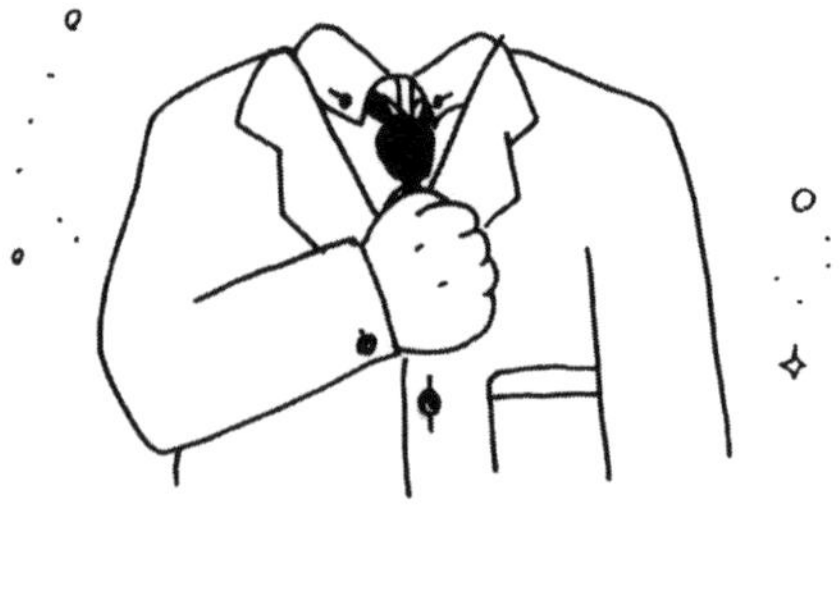

諦めなければ、
それは失敗ではない。
諦めたら失敗になるけれど。

＊愛知県のある中学の校長先生が全校集会で、僕の「幸せを運ぶ配達人」の話をされたことをネットで知った。学校便りで詳細を見たが、感極まるものがあった。「僕のような未熟者でも、真面目に頑張れば誰かが見てくださっている」そう思うと泣けた。光栄の極みである。投げ出さないでよかったと、つくづく思う。

真心こめて熱心に話すのと、
強引に説得するのとは違う。
相手の幸せを願う心と、
自分の利益のみを考える心。
行動は同じでも大違い。

間違っていないのに謝らなければならない時がある。
正しいのに頭を下げるのは辛い。
頭を下げないという選択もある。
しかし、どちらが立派かといえば、
明らかに頭を下げる方だ。

人の役に立つ道を決意した時、
喜びが沸きあがり
心が輝き始める。

＊思考は運命を決定づける。考え方ひとつで、人生の主人公になるか、ならないかが決まる。

八、営業マンに贈る言葉

朝、鏡の前に立とう。
服装は清潔か、髪は整っているか、
今日の自分は元気か、
笑いかけたり、話しかけたりしてみよう。
心穏やかでないときは笑顔が引きつる。
そんな時は息をこれ以上吐けないところまで吐いて、
新しい空気を胸いっぱいに吸い込んで姿勢を整えてみる。
それだけで心持ちが入れ替わり、新しい自分になれる。

私が自分に向かって叫び続けたのは
「営業マンは幸せを運ぶ配達人」

という言葉だった。

お客様に尽くして尽くして、尽くしきること。

それが販売の神髄だ。

販売は竹のように優しく、しなやかに、
そして、広く深く根を張らなければならない。
志は鉄のように固く、強固でなければならない。

＊営業は壁を打ち破って前に進まなければならない、非情にも壁は次々に容赦なく襲ってくる、頑張っても失敗の連続である。その中を自分を信じて投げ出さず行動する、行動しかないのだ。最後の最後いつの日か、勝利の女神が微笑むことになる。

営業こそ仕事の花であり、
企業の命である。
使命感と誇りを持って
突き進め。

＊自分の利益を第一に考える人に、営業マンを名乗ってほしくない。
営業マンは、「人の為に自分を生きる」を不動の信念としなければならない。それでこそ経済社会を牽引する本物の営業マンといえる。

理にかなった人は伸びる。
理にかなった企業は栄える。
本物は残る。

＊訪ねた会社の玄関前で溝掃除をしていた方に挨拶をされたが、会社に気を取られ、挨拶を返したかどうか記憶にない。後に部長さんから紹介された社長さんが、溝掃除のその人だった。急いでご挨拶するが、心は波打つばかり、僕の人間の浅さが露呈し、契約はお預けになってしまった。立派な社長さんに挨拶もできなかった自分が、今でも恥ずかしく思う。

営業マンに天才はいない、怪物もいない。
お客様にどれだけ尽くせるかだけだ。
私利私欲に走ればその人は崩壊する。

＊どんなスーパースペシャリストでも壁にぶつかり、スランプに泣く。販売の生命は顧客満足にある。いかなる場合にもお客様第一を忘れてはならない。

挨拶の仕方、お辞儀の仕方はいいか。
言葉は丁寧か、聞き上手か、ぬくもりはあるか。
笑顔はいいか、感動はあるか、熱心か。
時々自分を見よう。
未来の光を見つめて今を歩め。
今、この時が大事だ。
達成の喜びと栄光が、手を広げて待っている。

販売は力を出し切って成果が生まれる。
五十パーセントの力の結果は半分ではない、
少しでも力を抜けば、成果はゼロである。

＊水は九九度では沸騰とは言わない。一度違いの一〇〇度で沸騰し、爆発も起き、巨岩も打ち砕く。営業も同じだ。力を抜いたら、契約は皆無である。真心こめて全力で仕事をする、それがプロだ。

自分の信念を話し、
会社の主義主張を伝えよ。
それだけで物は売れる。

＊主義主張は、自分の進む方向である。船でいう海図であり羅針盤である。企業の命であり、営業の柱である。

人生は営業であり、人はすべて営業マンだ。

＊人間関係の構築、人との関わりは営業である。ピンチがあり、チャンスもくる、喜怒哀楽の繰り返しはまるで振り子のようだ。しかし人生の振子は同じところを行ったり来たりしているのではない、らせん階段を登るように成長していく。これこそ営業であり、人生そのものではないだろうか。

営業マンは三回お礼を言おう、
三回言ってはじめてお礼となる。

直接会って話すコミュニケーションもあり、
一枚のハガキも立派なコミュニケーションとなる。
ひと言のレターでも、まごころは通じる。

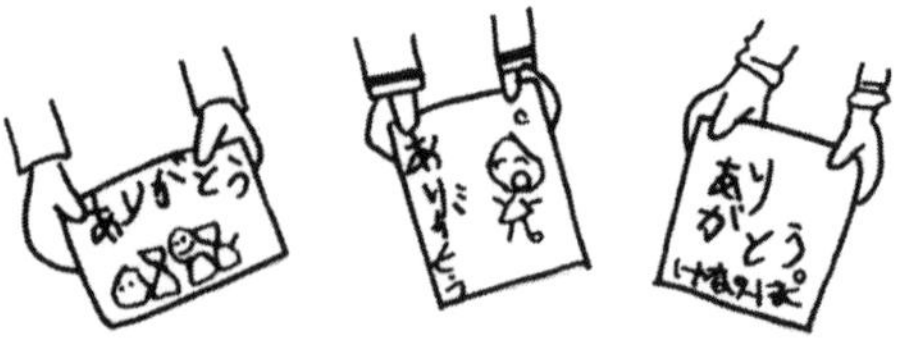

「もう限界までやった、これ以上できない」
と言う人の、限界は先のまた先だ。
やったのではなく、やったつもりでいるだけで、
まだまだできる。
販売は頭脳で勝負する職業ではない。
情熱、心で働く職業である。

はっきりした挨拶、お礼の言葉、恩返し、
「はい」と言う返事、素直な心、親切、思いやり、
向上心、難しいことではない。
続けていれば、人間が十倍百倍大きくなって、
いつの間にか、成績は向上し、
レベルの高い自分に成長している。

世の中は頑張る人の味方だ。上辺だけで世渡りしても、やがてつまずく。誠実な行動にお客様は集まる。

＊ある日、高額な大漢和辞典に興味を示す人に出会った。締め切り前のこと、何とかしたいと何度も頭を下げた、「ここで三回まわってワンと鳴いたら契約しよう」と言われた。耳を疑ったが、丁寧に頭を下げてその場を去った。一瞬なんという人かと思わないでもなかったが、思えばそのような展開にしてしまったのは私の方だと素直に反省した。後にそのお客様から注文が入ったと聞くが、このことから僕は営業は常に堂々と凛としていなければならないことを学んだ。どんな状況にあっても、営業マンの誇りを決して失ってはいけない。

君のような社員を我が社にも欲しい。
そう言われたら本物。

＊僕は自分が社長になったつもりで仕事をしていた。つもりだけなので、実際の経営の気苦労もなく仕事に打ち込めた。自分が社長なら、お客様に不快な印象を与えてしまえば、自分の顔に傷がつく。全ての責任は自分で取る、その覚悟で挑みますから、ぶれがなくいい仕事ができたと思う。営業マンは自分が会社そのものとしてお客様に接するといい。

お客様は集めるのではなく
「集まる」のです。
ぬくもりがあれば、
お客様の方から集まってくる。

＊ちょっと喜ばせる人と、ちょっと悲しませる人は大違い。ほんのちょっとだけだが、運命のひらきは雲泥の差になる。

お客様を大好きになれ。
好きになられて怒る人はいない。
力になってやりたい、応援したい、
こんな気持ちに誰でもなる。

＊人は感じて動くもの、感動を作るのは伝える側の心だ。感動が伝われば、お客様はそれに応えてくださる。

いい仕事をすれば、
願わずとも見返りがくる。
手抜き小細工をすれば
必ずそのしっぺ返しがくる。

チャンスがあったら
飛び込んでいけ。
たとえ失敗に終わっても損はない。

＊自分の決断で行動した結果、嫌な目にあったとしても損とは思わない。「自分で決断したこと」には満足があるからだ。挑戦して損は何もない。

人柄、人格、人間味を語ってほしい。
営業戦略も必要だが、
人間形成の議論も重要ではないだろうか。

＊営業は我流では契約が取れないし、長くは続かない。人格という基本ができていないと潰れる。人格とは人柄であり、相手を思いやる心だと思う。僕は契約に導くマニュアルを含め、テクニックを学んだことはない、学ぶことを悪いとは言わないが、テクニックで上げた成果は、営業マンにとってはいいかもしれないが、お客様の満足感が薄いと思う、営業マンの人間味、真心で上げた成果には喜びが伴う、お客様の満足度がまるで違う。それに情熱が加われば、凄いことになることを知ってほしい。

気づいたらすぐやる。
気づいたらすぐ直す。
勝者は早い。

＊商売とは、お客様に感動を伝える仕事だ。感動を伝えるためには、まず自分が燃えていなければならない。燃えていれば心が伝わる。疲れもないし、仕事が楽しくもなる。全ては行動から始まる。即行動をお勧めする。

人にどれだけ感動を与えたか、
どれだけお礼を言われたか、
どれだけ礼状がきたか。
そんなグラフがあってもいい。

約束には二つある。
人との約束、
自分との約束。
人との約束も大切だが、
自分との約束も忘れるな。
決して自分を欺いてはならない。

人生は逆転できる、
自分の決めた道を貫け。
反省と謙虚な姿勢は大切だが、
マイナス思考にだけは絶対になるな。

社会のためになっている仕事なら、
命を掛けよ。
社会のためになっていないなら、
すぐに去れ。

＊営業マンはもちろん、商人は一〇〇%お客様に喜ばれる存在でなければならない。喜ばれなければ商人の存在意義はないと思え。自分がお客様に喜ばれている存在か、今一度、自分を振り返ってみようではないか。

正々堂々と闘って負けても、
自分に克てたならば
それは負けではない。

＊ぬるま湯につかれば甘えてしまう。ずるいことをすれば、抜け出せなくなる。どこまでも自分との闘いである。正義を貫いて自分に克てば、たとえ負けても負けではない。

会話力と雄弁とは無関係だ。
販売は話し上手より、聞き上手がいい。
聞き上手こそ会話力のある人と言える。

＊赤面症で口下手な女性が成績が上がらず、営業には向いていないのかと悩んでいた、ある時、聞く事なら私にもできると気がついた、ならば日本一の聞き上手になってやろうと決意した。ひたすら聞く勉強を繰り返した、やがてその女性は、生命保険会社で契約数日本一を極めたという人がいる。

誠実に親切真心を尽くしていたら、
一度離れたお客様でも
いつかは必ず戻ってくる。

＊打算や欲で生きている人の多い世の中だが、まごころを尽くしていれば必ずお客様は戻ってくる。人の世は、まんざら捨てたものではない。

仕事は真剣勝負、体を張って行うもの。
一分の隙もあってはならない。

どんなに苦手な仕事でも、長年続けていると
目をつぶっていてもできるようになる。

商品よりも自分を売り込め。
自分の存在を発信せよ。
発信するところに人が集まる。
人はまごころで動く。
感動が伝われば必ず動く。
販売は感動を伝える仕事だ。

自分を変えるには、
まず形、行動、見た目から変えよ。
演技でもいい、五年、十年貫けば自分は変わる。
自分が変われば周りの景色まで変わってくる。

営業は自分を捨てることから始まる。
孤独に襲われ、挫折も味わう。
しかし、これも当たり前と思えば平気で通れる。

＊僕の営業法の一つに「プロセスで売る」があります。商品の特徴、他社との違い、品質的にどこが優れているか、さらにその商品の開発過程の困難や壁を、作り手がどんなふうに乗り越えて完成したのかを伝えます。その物語を話すと目の前の商品が、どんどん素敵に見えてきます。実はこの「商品が出来上がるまでのプロセス」が、何にも勝る「商品価値」そのものなのです。お客様の目の色が変わってきます。

大金を積んでも動かない人も
まごころひとつで動くことがある。
営業マンはまさしく一点、まごころで勝負するもの。
それ以外に何もいらない。

負けを無駄と思うな、
負けこそが勝利の母。
大負けしたらいい。
負けるからこそ、勝つ力が生まれる。
負けこそが自分の宝だ。

一手一丸になれば絶大な力を生む。
人も、家も、企業も、輝くのは絆。
助け合い、手を携えて、発展の礎を築け。

ショーウインドウに映った
能面のような自分の顔に愕然としたことがある。
こんな顔でお客様に接していたのか。

＊心は顔にはっきりと表れる。自分では分らないが、営業マンの焦り、不安な心境は、そのまま顔に表れている。だから時々鏡を見るといい。いい顔をしていないとお客様は不安だ。僕はそんな時、深呼吸で気持ちを整えたり、デパート等の鏡の前に立って、気分を変えるようにしていた。

通り過ぎた後、
さわやかな香りを残す
営業マンになれ。

＊仕事の手を休めて対応してくださったお客様に、感謝の気持ちを伝えるのは当たり前である。さわやかな気持ちになっていただくのは、営業マンとしての勤めであり、マナーであることは言うまでもない。

運は天にありと天に任すのもいい。
しかし、信念と、情熱で
運を呼び込むこともできることを忘れるな。
いかなる場合も営業マンは、
信じて、祈れ。

自分が損をすれば人が儲かる。
儲かるから人が集まる。
自分が損をすればいいではないか。

＊物、金の損得を言うのではない。言葉、笑顔、挨拶、行動で身を惜しまず尽くすことを言うのだ。挨拶や振る舞い、言葉でお客様に感動を与えることはできる。

営業にコツはない。
営業の本質とは、
目の前のこのお客様に
いかに幸せになってもらえるか、
という思いだ。

学力、力量だけで契約は取れない。
ただひとつ、情熱こそが、契約をもたらす。

＊営業で一番の過酷なことと言えば、一日中炎天下を歩きまわることや、大雪の中、あるいは土砂降りの雨の中をぬれねずみのようになって、一軒一軒訪問する新規開拓である。この様な日が毎日毎日続く苦しさは、経験した者でなければ分らない。しかし、このような過酷な営業でも情熱と使命感があれば乗り越えることができる。今の時代、このような営業マンはいないし、また、そぐわないと思うけど。

苦しい中、がんばる同志のいることを忘れるな。
見えはしないが、彼らは大きな荷物を背負って、
必死で働いているに違いない。

＊物は持っているから買わないのではない、持っている人が買うのだ。持っている人も、持っていない人もすべて買ってくださるお客様だ、泉のごとく湧いてくるのがお客様。頑張る人に勝利の女神が微笑むようにできている。

耐えて、耐えて、耐え抜けば、
必ずお客様が現れる。
契約もいただける。
達成もできる。これが営業だ。

＊イバラの道は、バラ色の道へとつながっている。時には絶望感に襲われるが、耐え抜けば必ず成果が生まれる。乗り越えた代償として、そこには誰にも味わえない大きな喜びがある。この達成感こそ、何にも代え難い感動そのものだ。

人は話し上手より、聞き上手を選ぶ。
知力、能力より心を選ぶ。

ライバルは嫌な存在ではない。
力をくれる、やる気をくれる。
ライバルがいるから頑張れる。

お客様のおかげで
今日の自分があると思えば、
恩を返さずにはいられない。
販売は「恩返し」だ。

＊お客様から無理難題を言われても、恩返しと考えれば楽にこなせる。営業マンが恩返しを忘れたら、歌を忘れたカナリヤになってしまう。お蔭様、させていただく、この精神は営業マンに限らず、人としてのあるべき姿ではないだろうか。

敵なんかいない、みな味方だ。
すべてが自分を助けてくれる存在だ。
敵がいるとすればそれは自分の心の中に。

育ててくれるのも、教えてくれるのも、
助けてくれるのもすべてお客様。
お客様のおかげで今日の自分がある。

小さなお客様を粗末にするな。
見た目でお客様を判断するな。
どんな人でも
かけがえのない大切なお客様であることを、
胆に命ずること。

営業マンは幸せを運ぶ配達人。
幸せを運ぶから、
幸せがやってくる。
自然の摂理である。

＊営業マンに大切なことは、「お客様の恩を忘れない」「自分の仕事に誇りを持つ」「お客様を徹底的に喜ばす」「感動を伝える」そして「聞き上手を極める」を是非貫いてください。

「営業マンは幸せを運ぶ配達人」

これこそ営業マンの不動の姿勢である。

＊新型コロナウイルスの流行により世界は大混乱に陥りました。経済の動き、生活様式も劇的に変化するものと思われます。営業も地上戦から空中戦に比重が移りオンライン営業が益々盛んになることでしょう。しかし、営業の形は変化しても、人の心は変わりはありません「お客様に幸せを届けるお役目」を胸に携えて、誇りをもって仕事に邁進して下さい。人間の一番の魅力は仕事に喜びを感じ熱中する姿です、「応援したい」そんな気持ちに誰でもなります。

九、もう一度、自分を見つめる

人を泣かせてまで
幸せにならなくていい。
人を踏み台にしてまで
出世しなくていい。

＊自分が損をしても、損ではないことを知ると、人に尽くすことができるようになる。やがて信用、信頼が生まれ、発展が約束される。第一自分が楽になる。

命あるものはみな、
愛というぬくもりで生きている。
人も花も犬猫も、
草木も家も田や畑も、
すべてが愛で生かされている。

しゃべるだけの人には、
しゃべるだけの人が集まる。
行う人には、行う人が集まる。

＊辛いことが重なると、自分は運が悪いと決めつけてしまう。巡り合わせでこうなっているだけで、決して運が悪いのではない。いつか必ず幸運の女神が微笑む。それよりまず幸せに気づける自分を作ろうではないか。

縁のある人には必ず出会う。
別れても離れても、また出会う。

人は例外なく、多くの人や物ににに支えられて
生きている。また縁に守られて今日の日がある。
すべてに「ありがとう」しかない。

コツコツと積み重ねよ。
丁寧に積み重ねよ。
積み重ねる人には、誰も勝てない。

＊野球に例えれば、一〇回打席に立って、三本ヒットを打てば三割打者、二本なら二割。一本くらいと一本を許すことによって、やがて三割打者と二割打者という取り返しのつかない差となってしまう。三割打者ならプロも可能だが、二割の打者ではノンプロにも通用しなくなる。この差は大きい。自分に厳しく生きてほしい。

つらいことと苦しいことは誰でも嫌だけど、
決して逃げてはいけない。
自分をつくってくれるのは
苦しいことしかないのだ。
命を授けてくださった天は
言葉はなくとも、じっと見ておられると思うよ。

いばらの道を乗り越えて、
投げ出さない人に
天は味方する。

結果には必ず原因がある。
真因を追求すれば、
成程の道が見えてくる。

予測できないのが人生。
あり得ないことが起こる。
ピンチもある、チャンスも来る、
奇跡も起こる。
だから楽しい。
それが楽しい。

すべての進化の源は、
やり遂げるまでは絶対に引き下がらない
という強い信念の中にあると思う。
天の救いは、必ずある。
しかし、最後の最後、崩壊寸前までない。

見まわせば、山があり海がある。
空と大地がある。
小鳥のさえずりと小川のせせらぎがある。
清々しい風もある。

＊時には自然の恵みに思いを寄せて、心を癒すのもいいと思う。天は父、大地は母、風は友達という言葉もある。恵みに「ありがとう」と心底からの感謝が湧き、新たな力がみなぎってくる。

常に自分に問わなければならない。
何のために生まれ
何のために生きているのか。

＊人に喜んでもらうと、自分が満たされる。人に感動を与えると共感できる。人のために生きることこそが、人としての理想の姿だ。十年先、二十年先になって「頑張ってきてよかった」と思えるような生き方がしたい。

太陽は平等に照らす。
天才にも凡人にも、
器用な人にも、無器用な人にも、
天からの奇跡は
皆に同じように訪れる。

ここにいる自分は
自分ひとりのものではない。

＊山にこもり、生命を落とすほどの、ぎりぎりの難行苦行をされる人も立派だが、逆境の中を生きる人、難病と闘いながら頑張る人たち、このようないばらの道を生きる、いわば里の仙人も、同じように立派な人だと思う。後悔のない人生をおくりたい。

十、自分を変えるヒント

世の中は教材の宝庫だ。
よく見よ、よく聞け、よく味わえ。

＊僕が尊敬する、ある大会社の社長様とお会いすることができた。この機会にしっかりお話を聞かせて頂こうと心に決めていた。会えば親のような包容力に、不覚にも気持ちよく喋り過ぎてしまった。聞き上手を極めたつもりの僕が逆になってしまった。さすがビッグな方、僕の十倍も百倍も上の営業マンかもしれないと素直に認めた。しかしあの包容力は何だろう、このような人を器の大きな人というのだろうか。

何事も恩返しと考えて行動すれば、
すべてがうまくいく。

＊妻が病に倒れて寝たきりになった。トイレは勿論、身体を動かすこともできない状態が何日も続いた。さんざん苦労を掛けてきた妻、命がけで僕を支え、子供を守ってくれた妻、やっと恩返しができると思うと気持ちよく介護ができる。「ごめんね、」と呟くが、何ともない。お礼を言うのはこちらの方だ。妻のしてきたことをほんの少しだけ自分がして、それでも気づく事ばかりである、今は健康を取り戻しつつあるが、妻への感謝の思いが日に日に深まっていく。

いくら分かっていても
日頃から動く習慣のない人は、
チャンスが来たとき動けない。

聞いてから話そう、
聞いてから考えよう、
聞いてから行動しよう。

＊僕は聞き上手を目指していた、話し方を学んだことはない。しかし、なぜかお客様は僕の話をよく聞いてくださる。聞く努力が、共感を生むのではないかと思う。聞く事こそお客様とのいい関係が構築できるのかもしれない。

悲しんでいる人を見たら、言葉をかけよう。
苦しんでいる人を見たら話を聞こう。
病んでいる人を見たら手を差し伸のべよう。
それこそが、まごころだ。

＊ストーブもない京都の冬を越した極貧の時代、四人の子供がそろって大熱をだし、生死をさまよっていたとき、一人の学生さんが沢山の氷を持ってきてくださった。妻と号泣した、うれしかった。人のために何かをする尊さを一人の学生さんに教えて頂いた。それ以来、僕の人生観は大きく変わった。

小さな仕事をきっちりできない人に、
大きな仕事はできない。

心を強くするためには、
どんなちっぽけなことでも
ひとつのことを長年続けることだ。

＊食器洗いでも、庭掃除でも、どんなに小さなことでも、心に定めて実行してみてください。自分に課題を課し、着実に実行し、結果を出し続けるというその習慣は、やがてそれにとどまらず、自分の生活全般に行き渡り、心が強固なものに変わります。言葉を変えれば、人間力が高まります。

かわいいから叱ってくれる。
大切だから叱ってくれる。
大好きだから叱ってくれる。
叱ってくれる人こそ大切な人。

人生の途中で自分を評価するな、
評価するのは最後だ。

人が育つのは、感動だ。
感動した出来事、
感動した言葉、
感動した話。
涙するほどの感動、
感動こそ人生の宝だ。

何をしたいのか、
何に向かいたいのか定めよう。
夢や目標のない人生ほど
味気ないものはない。

夢は必ず叶う。本物を生きよう。

＊生きとし生けるものは、はじめは小さな種から始まり、やがて芽が出て大きく育ち、花を咲かせる。僕たち人間も、人生の花を咲かせるのだ。僕たちの生活の中で起こる様々な出来事は、小さなきっかけから大きな感動を呼ぶ出来事へと発展していく。そんなきっかけづくりのできる人になりたい。ここで「利他のために自分を生きる」を提案する。ひたすら人様の満足を追い求めることが、成功の要諦だと心をこめて伝えたい。

おわりに

この本を最後までお読みくださりありがとうございました。

未熟ながら、真面目に取り組んできた三十数年間でたどり着いた思いを、一人でも多くの人に伝えたい一心でこのひと言集を綴らせていただきました。どんなにつらく苦しい日々に直面していても、私達は社会に必要とされている人材です。へこたれることも、投げ出すこともできません。

今後もこのひと言集が、皆様の励みになり背中を押すことができるとしたら、私の最高の喜びです。自信をもってお仕事に邁進されることを心よりお祈りいたしております。

さて、過去に私の出版した本をご覧くださった方や講演をお聞きくださった方から、「その後、病気をされていた奥様はどうされましたか」「お父様との確執はどうなりましたか」等、度々お尋ねがありますので、この場を借りて少しご報告させていただきます。

京都に出てきた当時の妻は、血圧が異常に低く体力も落ち、自力で立っていることも難しい状態でした。一才の末娘がせめて三才になるまでは命がありますようにと祈るように暮らしていました。営業から帰るとまず妻を見ます。「命があってよかった」と、子供たちも妻に寄り添っています。医者は勿論、薬を買うこともできない日々を送っていましたので、命のあること自体が奇跡のような喜びでした。それでも天は妻に生きる力を授けてくださいました。少しずつ健康を取り戻し、一、二年ほど過ぎたころには、かねてから心得のあった大好きな書道の筆を持つことができるようになり、名のある先生に再度ご指導を受け、師範の資格を取得し、書道教室を開くまでになりました。年を重ねるにつれ教室も京都市内に数か所に増え、教えた弟子の数も千人を超えました。老人施設で、高齢者の皆様に書道でご奉仕させていただく機会にも恵まれ、この活動も二十年近く続けてまいりました。

この活動については京都市の社会福祉協議会長様より感謝状を頂きましたが、私たち家族が京都市民として、皆様のお役に立てたような気持ちになり、万感の思いでした。

また、ノーベル賞を受賞された某先生の事務所から、先生からお出しする感謝状の筆耕の依頼を受け、夢のようなお仕事の依頼に感無量でした。命すら危うかった妻がここまで来ることができたと思うと感慨ひとしおです。

現在は教室の顧問となり、薫会書道会として娘が立派に後を継いでくれています。三人の息子の方もそれぞれ自立して暮らしています。長男は会社勤めをしながら、自分の特技を生かして成功しています。二男、三男は二人で事業を起こして、社員一〇〇名までに会社を育て、社長と専務の絶妙のコンビネーションで頑張っています。

みな苦労しながら自分の人生を自力で切り拓いています。

父は平成十九年（２００７）九十六才で亡くなりましたが、私達は最終的には和解し、感謝の思いで見送りました。

父は名古屋で市会議員を四期務めた人でした。議員としての大仕事は第二次世界大戦で焼失した名古屋のシンボル、名古屋城の再建でした。城の頂点に掲げられている金のシャチホコの中には、父の名前が代表者として刻まれています。

私は大学在学中より、父の代役としてどんなところにも出向き、よく父の補佐をしていました。当時の私は、父を「なんて身勝手な人だろう」と思っていました。たとえば誰かの結婚式に父の代理で出席すれば、祝辞の挨拶で指名されますが、私はそれを事前に聞かされていません。帰った後に、なぜあらかじめ言ってくれないのかと問い詰めると「突然でも、どんな場所であろうと、人前で堂々と話せる人間でなければならぬのだ」と叱責されるばかりです。ですから私は、父をいつも恨んでいました。

そんな親心を汲み取れなかった私は、あるとき父のきつい言葉をきっかけに父と離れることを決意し、名古屋を去って京都に移り住んだのです。後になって思えば、父は私が物事に動じない人物になるように経験を積ませてくれたのですが、私はそのことを京都で一人で苦労を重ねるようになって初めて気が付き、そして改めて父の偉大さを感じたのでした。

どんな場所でも、どんなお相手でも、気後れせず自分をしっかり持って営業活動に挑めたのは、じつはこうして父が私を男として育ててくれたおかげだったのです。

時がたち、私が営業マンとして、人様に認めていただけるようになった頃、初めて大手新聞社主催の講演の依頼を頂きました。講師のお役目を無事終えて、私は真っ先に父に報告に行きました。そのとき父は、このことに涙を流しながら喜んでくれました。

おわりに

私はそこで初めて聞き分けのなかった若かりし自分、親孝行のできなかった自分のよろいを脱ぎ、心の底から父に感謝することができました。そんな感謝の気持ちが湧いてきたとき、私は本当の幸福感に満たされ、やっと幸せになることができました。

あらためて父に心からの感謝を伝えたいと思います。

人は、人の役に立つことこそが本当の喜びです。

仕事に邁進してきて楽しかった、本当に幸せだった、そう思える人生を皆様にも歩んでいただきたいと心から願ってやみません。

最後になりましたが、日頃から私を支えてくださっている先輩、友人、また制作にご尽力いただいた知道出版の奥村禎寛様、社長様、そして妻と子供と亡き父に、この場を借りて感謝を伝えます。

そして縁あってこの本を手に取りお読みくださった皆様にお礼申し上げると共に、今後のご活躍、ご発展を心よりお祈り申し上げ、ペンを置かせていただきます。尚、この本は自著『幸せのつくりかた』（河出書房新社）『営業は幸せの種まき』（太陽出版）の文言と重複するところのあることをご承知ください。

令和二年（2020）六月吉日

林　薫

著者プロフィール
林　薫（はやしかおる）
愛知県出身、人材教育研究家。
名古屋で市会議員として活躍していた父の手伝いをしていたが確執が生じ、31 歳の時、妻と 4 人の幼子をつれ、裸一貫京都に移転し、一家 6 人野宿生活から始める。どん底生活の中、藁をもすがる思いで入った会社が倒産し、路頭に迷う。後に(株)ほるぷに入社、営業マンとして頭角を現し、書籍販売のプロ3,000 人の中、売り上げ全国一に登りつめ、販売日本一の証ダイアモンド会員の表彰を受ける。その驚異的軌跡は読売新聞大阪本社、社内報にて 1 年間連載、大絶賛を集めた（2003 年 8 月～ 2004 年 7 月まで連載)。いかなる場合もお客様の幸せを願う信念の販売を貫けば必ず勝利するという営業の法則にたどり着く。
2015 年、書籍「プロフェッショナル 100 人の流儀」の 1 人に選ばれ掲載された。一方、日本文化の継承発展を願い、書団・薫会を妻照子（朱門）と共に設立、薫会主催書道展が後に京都市後援となり現在に至る。「人間力」&「幸せを運ぶ配達人」の提唱者。
感謝状を京都市長から 2 回､京都市教育委員会から 4 回授かる。
2017 年、東久邇宮文化褒章を授かる。
特定非営利活動法人文化芸術伝承協会理事（前理事長)、ハヤシ人材教育研究所（非営利)､(資）薫会代表を務めながら講演、執筆等、活躍中。
主な著書は営業は「幸せの種まき」（太陽出版）「幸せのつくりかた」（河出書房新社）「人間力で道を拓く」（知道出版)、「逆境を拓く」（三想社)、「営業マンは幸せを運ぶ配達人」（ライティング）「営業日本一の体験とコツ」（文芸社）他
〒 607-8301 京都市山科区西野山百々町 163-1
お問い合わせは　info@kaorukai..com

表紙文字：小嶋朱月
イラスト：小嶋朱蝶
京都山科・かおるスタディ
手描きセレクトデザイナー

凛々《りんりん》と生きる

2020年10月1日　初版第1刷発行
著　者　林薫
発行者　鎌田順雄
発行所　知道出版
〒101-0051 東京都千代田区神田神保町1-7-3 三光堂ビル
TEL 03-5282-3185 FAX 03-5282-3186
http://www.chido.co.jp
印　刷　モリモト印刷

ISBN978-4-88664-333-9